谨以本书献给尼克·胡哲（Nick Vujicic），
致敬他永不言弃的精神。

新加坡 积极学习力
STUDY HARD

[新加坡] 张郁之 / 著·绘　廖丽 / 译

练就坚持力

天地出版社 | TIANDI PRESS

图书在版编目（CIP）数据

练就坚持力 /(新加坡)张郁之著绘；廖丽译. —
成都：天地出版社, 2024.1（2024.3重印）
（积极学习力）
ISBN 978-7-5455-7964-2

Ⅰ.①练… Ⅱ.①张…②廖… Ⅲ.①学习方法—青少年读物 Ⅳ.①G791-49

中国国家版本馆CIP数据核字（2023）第195251号

First published in Singapore by Armour Publishing.
The simplified Chinese translation rights arranged through Rightol Media
(本中文简体版权经由锐拓传媒旗下小锐取得Email:copyright@rightol.com)

著作权登记号　图进字：21-2017-466

LIANJIU JIANCHILI

练就坚持力

出 品 人	杨　政	责任校对	张思秋
总 策 划	陈　德	美术设计	霍笛文
著 绘 者	[新加坡]张郁之	排版制作	书情文化
译　　者	廖　丽	营销编辑	魏　武
策划编辑	李婷婷	责任印制	刘　元　葛红梅
责任编辑	罗　艳		

出版发行	天地出版社
	（成都市锦江区三色路238号　邮政编码:610023）
	（北京市方庄芳群园3区3号　邮政编码:100078）
网　　址	http://www.tiandiph.com
电子邮箱	tianditg@163.com
总 经 销	新华文轩出版传媒股份有限公司

印　　刷	北京文昌阁彩色印刷有限责任公司
版　　次	2024年1月第1版
印　　次	2024年3月第2次印刷
开　　本	889mm×1194mm 1/32
印　　张	16.75
字　　数	350千字
定　　价	100.00元（全4册）
书　　号	ISBN 978-7-5455-7964-2

版权所有◆违者必究
咨询电话：（028）86361282（总编室）
购书热线：（010）67693207（市场部）

如有印装错误，请与本社联系调换。

目 录

001 前　言

003 导　读

009 第一章
做个有耐心的人

021 第二章
设定合理的
预期

033 第三章
下定决心
达成目标

045 第四章
自我拓展
不设限

059 第五章
付出更多的
努力

075 第六章
培养
预见能力

087 第七章
探索多种
解决方案

099 第八章
在反思中
成长

107 第九章
过程比结果更重要

115 后记

118 参考书目

119 索引

121 致谢

前言

我很高兴郁之写了这本书,也很荣幸他邀请我来写前言。

青少年时代的我相貌平平,在学校表现不突出,数学和科学的成绩不太好,初中三年级之前,我的成绩都排在班级倒数。尤其在中学阶段,我还遭受了可怕的校园霸凌。但是,我从没想过放弃。

在初中三年级的时候,我给自己定下了一个目标:努力成为学校里最优秀的学生。有人告诉我:你这个目标太疯狂了,几乎不可能实现——你看,有些老师甚至拒绝去你们班授课,因为班上好多学生在课堂上要么看漫画书,要么闲聊,要么做白日梦。

但是每一天的早会,我都会去看光荣榜上往届尖子生的名字,憧憬着自己的名字有朝一日也能出现在上面。

凭着这份决心,我坚持不懈,勤奋、有技巧地学习,很快我的名字也出现在这个光荣榜上了。我实现了当初定的目标,成了学校里最优秀的学生之一。

成功从来都不是一件容易的事情。有位老师曾在我们班上说过这样一句话:"如果你足够渴望得到一个东西,那你最终就能得到它。"从听到这句话的那一刻起，我就将它视作自己的生活信条。

多年前，我辞去工作，成为一名全职博主。这段经历并不轻松，但很有乐趣，我在博客上成功采访的人数以及遭到拒绝的次数已经数不清了。为了完成一次采访，我连续十个月陆续发了十封邮件"追逐"采访对象。为什么我要这样坚持？因为我很想完成那个访谈，在做成之前我不想放弃。

很多人一碰到阻碍就认为自己做不到。事实是，你能做到而且必须做到！上学时，我认为2.4千米跑是一件痛苦的事，但我没有放弃。为了完成它，我坚持训练，直到获得体能测试的金奖。去年，我参加了5千米马拉松比赛，今年参加了10千米马拉松比赛。现在对我来说，跑完2.4千米可以说易如反掌。

所以，遇到挫折不要一味地抱怨，要让自己变得更强大！

目前，我还不会做的一项运动就是引体向上。但是为了实现这个目标，我正在接受私人教练的训练。正如激励培训师尼克·胡哲说的那样，没有人可以限制你，唯一能限制你的只有你自己。

那么，你们现在知道为什么必须坚持了吗？为了让我们不受任何限制！相信自己，设定目标，然后努力去实现它吧！

格雷斯·谭（Grace Tan）

知名博主

畅销书《以博客为生》作者

导读

想象一下在完成任务的过程中遇到障碍的情景,比如,你正在写一份调查报告,却发现缺少相关调查资料。

你尽最大的努力去逾越这个障碍,但仍然没法成功。

你感觉自己被困住了,既沮丧又疲惫。在这种情况下,你会怎么做?

你可能会放弃或者坚持下去完成任务。

当然,我们都希望能完成已经着手在做的事情,但对很多人而言,最后却事与愿违。尤其是青少年,内心还不够强大,容易被互联网和时尚潮流影响。看看那些最后成功完成任务的人,他们在行动过程中,大多能够很好地排除这些干扰(至少是暂时地排除)。

那么,我们怎样才能积极主动地去推进、完成一项任务呢?

这就是本书面世的原因。我在书中探讨了让我们保持专注和坚定,并坚持不懈完成任务的关键要素。作为一个"退了休的青少年",我发现许多青少年不够专注,无法坚持完成已经着手在做的事情——

完成任务 ①

特别是当这件事情本身不太有趣、不够吸引人的时候。

但是,这个问题绝不仅仅存在于青少年身上,成年人也常常缺乏毅力。在探索培养坚毅品质的方法之前,让我们先来看一则与之相关的故事——沃特·迪士尼的故事。

沃特·迪士尼(1901—1966),美国动画大师、导演、电影制片人、编剧、配音演员,在娱乐界拥有巨大的影响力,因创造了米老鼠闻名世界,至今仍被人们深深地怀念。

迪士尼的成功之路并非一帆风顺,他年轻时曾被《堪萨斯城

---

① 本书所有图片中的英文的释义,详见文末《索引》。

星报》解雇,因为老板觉得他缺乏创造力。

迪士尼毫不气馁,于1921年成立了一家名为"欢笑动画"的电影公司。然而,他们与纽约一家发行商的交易因发行商突然破产而失败,元气大伤的迪士尼不得不关掉了欢笑动画。

坚持到底的迪士尼

那段时光对他来说太糟糕了,他几乎付不起房租,甚至不得不靠吃狗粮度日。

然而,迪士尼没想过放弃,他觉得自己还有机会,打算坚持下去。于是,他用仅剩的几十块钱买了一张去好莱坞的火车票。

1926年,迪士尼创造了一个卡通形象——兔子奥斯华。他带着这只"兔子"去与发行商环球影城谈合作。可在谈判过程中,迪士尼发现环球影城偷偷为这只兔子申请了专利,将它据为己有。

雪上加霜的是,环球影城还挖走了原本为迪士尼工作的大部分画手。这就意味着,已经拥有专利的环球影城完全可以在没有迪士尼的情况下继续创作。自始至终,环球影城都没付过一分钱给迪士尼。

迪士尼遇到的麻烦不止于此。他努力想要发行自己的电影,包括有新角色米老鼠的电影——但他被告知老鼠会吓到女性。他

三只小猪

的《三只小猪》也被拒绝了,因为发行商觉得这部电影角色太单一,不够丰富。

尽管遭遇了种种挫折,迪士尼仍然打算坚持到底。也许,最能代表他坚毅品质的范例就是他试图将帕梅拉·特拉弗斯的书《欢乐满人间》改编成电影这件事。1944年,迪士尼为了争取到这部作品的版权,与特拉弗斯进行了密切的接触,但特拉弗斯对于把自己的书卖给迪士尼这事完全不感兴趣。

为了实现这一目标,在长达16年的时间里,迪士尼都会去特拉弗斯英国的家中拜访她,试图说服她。经过多年的坚持,特拉弗斯终于被迪士尼的坚毅及其对电影的构想说服了。她把书的影视版权卖给了迪士尼,由他来改编成电影。改编上映的这部电影果然一炮而红，成为一部深受人们喜爱的经典之作。

沃特·迪士尼就是一个靠必胜的决心和坚强的毅力实现梦想的范例。不用多说，现在就让我们一起踏上探索之旅，去寻找坚持不懈、不半途而废的方法吧！

第一章

做个有耐心的人

耐心是跨越障碍、战胜挫折的必备要素。作为一名学生，如果想让自己更有耐心，就得达到以下4个方面的要求：

第一，不计较眼前的短期回报，耐心守候；
第二，拒绝被动等待，努力向前行动；
第三，拥有正确的处世态度；
第四，培养积极的心态。

对此，作者在本章中有针对性地介绍了简单可行的小诀窍。现在，就让我们一起翻开书去学一学吧！

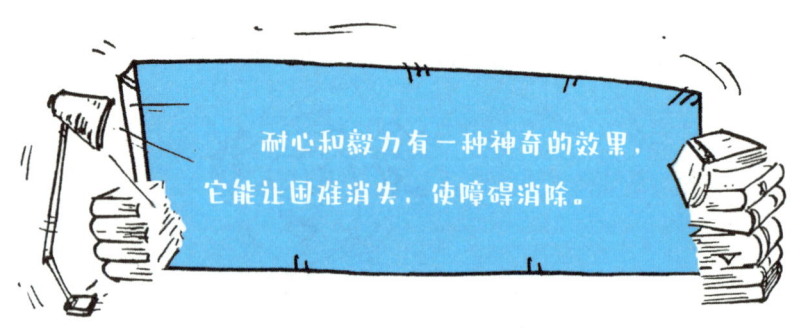

耐心和毅力有一种神奇的效果，它能让困难消失，使障碍消除。

耐心很重要

人们遇到障碍的时候，通常会急于清除它。如果一次没能办到，往往会反复尝试，直到成功。这种行为本质上代表着坚持不懈的精神。

我们通常无法一次性清除障碍，或者不能以理想的方式解决它们。有时候，甚至不管如何努力，我们都无法跨

障 碍

第一章 做个有耐心的人

越障碍，继续前进。当这种情况发生时，很多人就会感到沮丧，甚至会放弃。而有些人却选择坚持，并最终获得了成功。他们决胜的关键往往在于：有耐心去克服自己遇到的困难。

有耐心，就能冷静地应对出现的任何问题。耐心让我们放慢脚步，同时又持续进步。有了这种心态，我们就可以思考问题到底出在哪里，并进一步考虑可行的解决方案，而不是在没有任何计划的情况下匆忙地去解决问题。

耐心思考

耐心付出，终有回报

有这么一句谚语："种瓜得瓜，种豆得豆。"意思是说种的是什么，收的就是什么，因此我们要对自己的行为负责。不过请注意，有时候并不是付出了就能立刻得到回报。

值得我们花大力气去做的事情，往往没法在短时间内见到成效。我们为之不断付出，也需要给够时间让它慢慢

种瓜得瓜，种豆得豆

成熟，成长为我们想要的样子。因此，在通往成功的道路上，我们必须耐心守候，坚持到底不放弃。

特殊的植物

从前有一个农夫，他是种地的行家里手，几乎种什么都能够获得丰收。每一年的收获季节，他的收成都十分可

第一章 做个有耐心的人

观。很快,他对这些轻易就能获得的成功厌倦了,想要尝试新的挑战。

有一天,农夫遇到了一位睿智的老人。农夫告诉老人,自己迫切希望迎接新的挑战。老人听后笑了笑,从包里拿出一些种子让农夫去种,并且告诉农夫这些种子每天都得浇水,每一颗都需要用心去培植。如果能做到这一切,农夫最后就能得到非同寻常的回报。

"记住,最重要的是,你必须要有耐心,坚持下去。"说完,老人笑着离开了。

用耐心浇灌

于是，农夫每天都给种子浇水，认真对待它们。农夫以为种子很快就会发芽长大，可好些天过去了，什么动静都没有。农夫也没灰心，继续浇水施肥，耐心地等待。然而一个生长季结束了，还是什么也没长出来。农夫感到很沮丧，甚至想把种子挖出来看看。但他想起了老人的话，于是咬咬牙，继续坚持。

第二年过去了，还是什么也没长出来。

第三年过去了，农夫的努力仍然没有得到任何回报。

第四年依旧如故。

第五年，奇迹终于出现——种子发芽了！令农夫惊讶的是，仅仅一个生长季，这些植物就长到了80多英尺高！更让农夫吃惊的是，这些植物实在太有用了，可以做食物，可以制药，还可以做建筑材料……

经过这么多年的付出，农夫终于得到了巨大的回报。除了物质的回报，更重要的是，农夫还培养了耐心付出、坚持到底的做事态度。

你猜到这种神奇植物的名字了吗？它可不是虚构的，它就是我们在生活中常见的竹子。

第一章 做个有耐心的人

拒绝被动等待

一个人丢了一只狗,他就在丢狗的地方等着。有人问他在做什么,他回答说他在耐心等待狗回来。那么,这种行为代表着有耐心,还是只是被动等待?

需要青少年注意的很重要的一点是:不能将耐心与被动等待混淆在一块儿。不采取任何行动,只是坐等成功的到来,就是被动等待;当事情变得艰难,进展缓慢时,我们仍然坚持按照既定的计划努力向前推进,这是有耐心。

被动等待

拥有正确的态度

困难、失败是生活不可避免的组成部分,相信几乎每个人都有所体会。想要面对挫折、战胜挫折,重要的是得有正确的态度,即要有耐心。不放弃希望就能坚持下去,离成功越来越近。这一点在下面这个故事中得到了证明。

故事启示录

国王的罐子

从前有一个国王,他需要一个私人助理。国王对外宣布了这一消息后,很快就来了很多人,他们都急切地想得到这个职位。

当人们聚集在宫殿之后,国王将他们带到一个池塘边,说:"谁能够用池塘里的水装满这个罐子,把罐子交给我,这个职位就属于谁。"

人们彼此打量,胸有成竹地想:这也太简单了!结果,人们拿到罐子后,发现罐子底部有个大洞,并且,国王在此时宣布,任何人都不许修补罐子上的洞。听到这里,有人转身就离

第一章 做个有耐心的人

开了;还有人不死心,试了试,认为这是不可能做到的,也放弃了。

最后,只剩下一个人,他耐心地一次又一次地将池塘里的水舀上来往罐子里灌。但他这边灌进去,水从那边漏出来。不管他怎么努力,罐子里就是存不住一滴水。

他无数次地重复这个过程,直到池塘里的水快被舀完。这时,他注意到池塘中央有个东西在闪闪发光——一枚钻石戒指!

国王看着那人笑了,然后告诉他:"戒指是对你辛勤舀水、耐心对待工作的奖赏。还有,你很适合这份工作,你被录用了。"

耐心付出,终得回报

战胜拖延

人的耐心往往是有限的,如果超过了一定限度,耐心就会渐渐消失。这就意味着,这个人会因为害怕面对现实而不敢继续前进。这种恐惧感会导致人们拖延,不积极采取下一步行动。他们还会把拖延伪装成耐心,以掩盖自己不作为。

拖延不应该被曲解为有耐心。我在《高效管理时间》一书里,为大家揭示了拖延症的实质,有需要的青少年可以仔细看看。

培养积极的心态

彼得和杰瑞在电影院等待各自的女朋友——他们的女朋友都迟到了。彼得越来越不耐烦,当女朋友出现时,他一时情绪失控,两人爆发了争吵。而杰瑞一直耐心等待着,终于等来了女朋友,他立刻关切地询问女朋友晚到的原因,问她是否安好。这两对情侣,哪一对相处得更好,在未来的日子里可以互相依赖、彼此帮助呢?答案很明显了,不是吗?

第一章 做个有耐心的人

彼得 VS 杰瑞

这个例子让我们感受到了情绪的巨大能量。缺乏耐心的时候，我们往往会释放出消极的能量，它又会反作用于我们的情绪和行为，这就是彼得控制不住情绪的原因。

是否有耐心取决于我们能否看到事情正向的一面。杰瑞的耐心令他对女友的迟到感到担忧而不是恼怒——他的反应表明，他对这段关系的重视程度超过了他对时间的重视程度。

所以，有耐心并保持积极的态度，会让你的注意力集中在你真正想要得到的东西上，从而坚持不懈地去实现你的梦想。

 结论

有耐心的人能从大局出发，不会迷失在细节上，并能在困难时或逆境中坚持下去，继续前进。

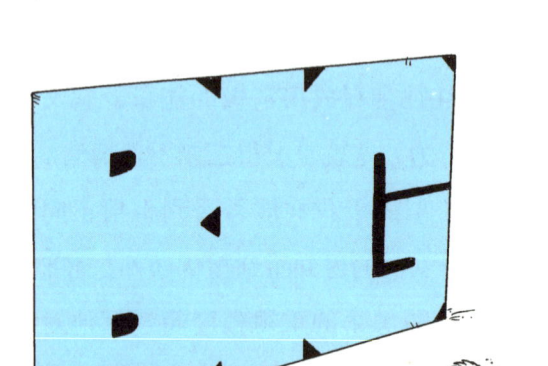

从大局出发

第二章

设定合理的预期

有人说:"既然预期往往无法达到,那就没必要设定了!"你认同这样的说法吗?但愿你不认同。设定预期对我们来说好处多多,例如:

让我们目的明确地学习和生活;
为我们提供克服困难,一往无前的精神动力;
让我们客观评估自己的优缺点,进行自我对标改进;
让我们对更高的目标心存期望,激励自己持续攀登。

在读过本章内容,掌握以上要点后,让我们重新科学地设定自己的预期吧,让它真正成为我们成功的催化剂!

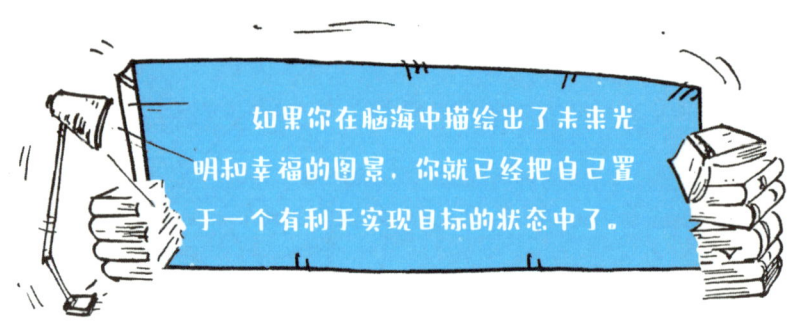

如果你在脑海中描绘出了未来光明和幸福的图景,你就已经把自己置于一个有利于实现目标的状态中了。

预期是否重要?

城里新开了一家餐厅,你的朋友和家人认为这家餐厅的食物精致又美味,对其赞不绝口。这些评价激发了你去这家餐厅用餐的热情。然而,当你最终品尝到这些食物时,

令人失望的一顿饭

第二章 设定合理的预期

它的味道……嗯……其实只称得上普通而已。这个结果会令你相当失望。

但是,如果你没有听过那些评价,当尝到这些食物时,你还会这么失望吗?显然不会。

那么,到底是什么让你前后的反应如此不同呢?

这其实就是预期心理使然。如果接收到太多对于食物高度赞扬的信息,人们会不自觉地把预期设定得很高;一旦食物达不到预期的标准,他们就会失望。

相比之下,你来到另一家小饭馆,随意点了一道菜,由于对其没有任何预期,只要它品相不错、味道过关,你就会对它大加赞赏,认为它比上一家餐厅更好,更值得肯定。

有人可能会问:"既然预期会导致失望,那我们还需要设定期望吗?"或者会说:"最好还是别抱有期待,这样我们的生活反而更简单、更美好。"

人们很容易忽视预期的重要性。的确,过高的期望有时会给我们带来极

过高的期望

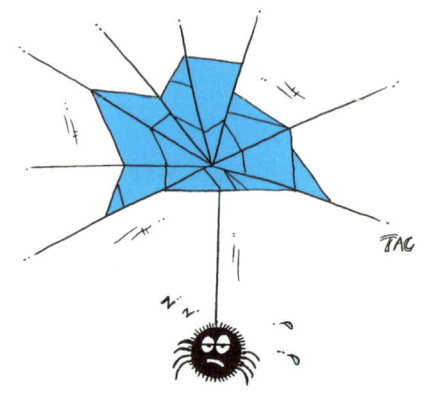

过低的预期

大的风险,稍不如意就会让我们感到失望。然而,没有预期,一切就会变得平庸——如果不为自己设定高标准,我们就会轻易地满足于自己取得的成就。

高期望值能帮助我们达到更高的目标,从长远来看可以帮助我们收获更多。它会驱使我们为达成既定的目标而努力,激励我们坚持不懈,直到实现它们。

你在期待什么?

每个人对学习或生活都有所期待,不同仅仅在于每个人预期的高低。有些人对自己的要求比周围人对自己的要求高得多,有些人则正好相反。无论如何,设定预期是很重要的。能够清楚自己的预期是好

你的预期是什么?

第二章 设定合理的预期

事,这说明我们明白自己想要过怎样的生活,应该达到什么标准。

所以,请花几分钟时间思考一下,你在以下这些方面有什么样的预期并写下来吧。

方 面	预 期
自 己	1. 2. 3.
家 庭	1. 2. 3.
朋 友	1. 2. 3.
学 习	1. 2. 3.

当然,生活中还有很多值得我们期待的事物,我们就以设定自己、家庭、朋友、学习这四个方面的预期作为一个良好的开端吧!

完成这张清单后,问问自己以下几个问题:

・我是否给自己施加了太大的压力?

・我是否在学习上感到有压力?我能否承受这种程度的压力?

・我是否对家人和朋友要求太多?

・我设定的预期是否合理?它是否能够有效推动我实现目标?

通过列出预期,我们可以更加清晰地认识它们。如果发现其中的一些预期不仅没有给予我们帮助,反而阻碍我们前进,那么反思和回顾就很有必要。

例如,想要达到父母设定的某个目标也许相当困难,因为这个目标可能并不是我们自己想要的。

如果这个预期成了你的阻碍,你就需要认真权衡,试着调整或改变它。采用这种方式,预期就可以成为一种有利的驱动力,促使我们去实现自己的目标,而不是成为让我们气馁的根源。

还是以父母对我们的预期为例,如果觉得自己办不到,那就耐心地和父母沟通,让他们了解我们的目标和梦想,让他们明白我们自己的梦想也是有价值的。

第二章 设定合理的预期

管理我们的预期

合理地为自己设定预期是很重要的。很多时候,人们因高估自己的潜力而设定了过高的预期。在这种情况下,他们不仅会因为在实现目标的过程中付出了超负荷的努力而不堪重负,也会因为目标难以实现而气馁、失望。

想要解决这个问题,我们就得恰当管理自己的预期。如前一节所讨论的,我们可以改变或适当降低自己的预期,让它们更易管理。调整后变得更易实现的预期就可以引导和推动我们前进。例如,当我们想要提高一门学科的考试成绩时,如果自己的成绩是 D,期望下一次考试就能得 A

超出能力范围的预期

是不太现实的,更合理的预期是给自己预留慢慢努力的空间,一步步达到 A——先把目标和预期定为 C,实现之后,再定为 B,等等。这种渐进式提高,可以激励我们持续攀登成功的阶梯。

反之,预期设定过低也会阻碍我们前进,因为它无法为我们提供动力。如果我们感觉不到被期望鼓舞、激励,那么设定预期又有什么意义呢?

故事启示录

三只小猪

这则故事可谓众所周知。简而言之,就是有三只小猪各自修建房屋来保护自己免受大灰狼的伤害。

第一只小猪盖了一间稻草屋,被大灰狼一口气吹倒了。第二只小猪用树枝搭建了一座房屋,承受了和第一只小猪同样的命运。

但是,第三只小猪用砖造了一座房屋,它坚固结实,足以抵挡大灰狼。大灰狼最终只能放弃了。

第二章 设定合理的预期

三只小猪的故事家喻户晓,其中的寓意从制订计划的正确性到努力工作的重要性都有涵盖。另外,我相信,这则故事也向我们展示了每只小猪的预期差异。为什么只有第三只小猪有先见之明,盖了一座砖房呢?

坚固结实的砖房

三只小猪有一个共同的目标:建造一座能保护自己免受大灰狼侵害的房子。可第一只小猪的预期仅仅是一间稻草屋——没法保护自己,第二只小猪预期的树枝房屋也抵挡不住大灰狼。

第三只小猪的期望值最高。他付出努力去建造了最坚固、最安全的房子,最终,在实现预期的同时收获了成功。

因此,设定预期的高低极可能决定着你能否成功。那么青少年应该如何设定预期呢?一般来说,更好的选择是设定一个较高的预期并努力去实现它(即便可能会失败),而不是设定较低的预期,每次都能轻松实现,因为这几乎没有什么成长的空间。

更高的预期

认知神经学家萨拉·班特森认为,当人们期望自己表现得更好时,他们很可能会表现得更好。因此,如果一个学生被告知他很聪明,这很可能促使他努力学习,在考试中获得更高的分数。这是因为,如果我们被告知并认定自己会在任务中做得很好,我们就更能从错误中学习,并在未来的任务中有所改进。

相反,那些被告知别人对他们的预期很低的人,成功的可能性往往比较小,因为他们没有从错误中学习的动力——他们认为即便自己这样做了,结果仍然会很糟糕。

更高的期望

第二章 设定合理的预期

结论

期望可以成为成功的催化剂,它要求我们对自己的行为负责,并驱使我们去实现目标。

向着目标前进!

第三章

下定决心达成目标

成功贵在坚持。那么，我们遇到难以跨越的障碍或执行困难的任务时，应当从哪些方面去努力，才能让自己拥有坚持下去的勇气与力量呢？

第一，下定决心，贮存精神力量；
第二，拒绝诱惑，坚定自己的意志；
第三，瞄准目标，不让负面评论分散自己的注意力；
第四，设置精神路标，增强完成任务的信心。

相信只要做到以上 4 点，未来无论遇到什么挑战，我们战胜它们都只是时间的问题！

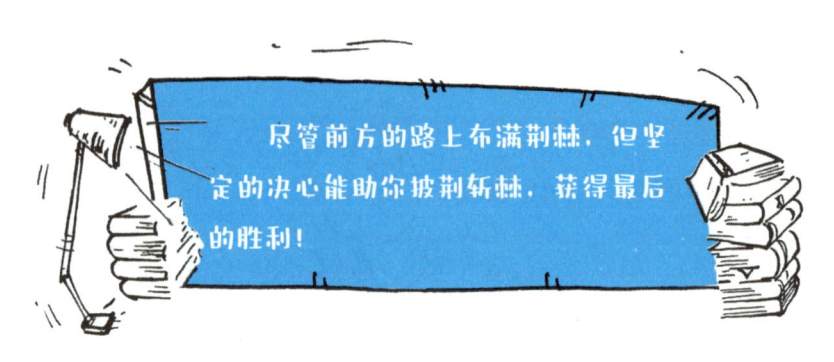

> 尽管前方的路上布满荆棘，但坚定的决心能助你披荆斩棘，获得最后的胜利！

决心驱动我们前进

一项有难度的任务需要我们付出大量的时间和精力才能完成——不仅需要体力，还需要精神力量让我们下定决心去达成目标。这种决心就像汽车的发动机一样，驱动我们一路向前，确保不会半途而废。

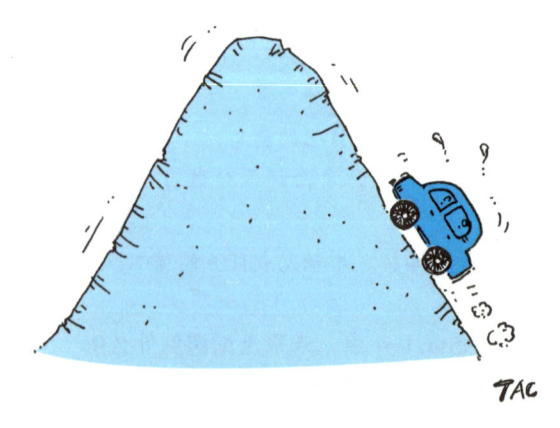

驱动我们前进

第三章 下定决心达成目标

如果你拥有这种克服困难的决心,"放弃"就永远不会成为你的选项之一。

通过意志力考验

在执行任务,尤其是困难任务的过程中,我们不可避免地需要在中途小憩片刻。有人休息好之后就会继续前进,而有人也许就此彻底放弃了。在学校或部队中,大家必须进行体能测试,包括仰卧起坐、引体向上,还有定时跑步等。虽然学校跑步测试最多只要求跑 1500 米,但这却成了

跑下去的决心

很多人的拦路虎。对于那些没有接受过相应训练的人来说，1500米和1500千米一样长！绕着跑道跑几圈，仿佛永远没有尽头。

毫无疑问，体能和决心对于完成定时跑步至关重要。对大多数人来说，在跑步的过程中停下来或走一段喘口气充满诱惑，即便他们很清楚这短暂的休息可能会让他们无法通过考试。这种跑步不仅是对体能的考验，更是对意志力的考验。

将注意力集中在目标上

有一种普遍的说法：精神超越物质。我们一旦把注意力放在目标或任务上，就要坚持下去，完成它。

要做到这点有一种可行的办法，就是进行有目的的思考。从本质上讲，就是把思想和感情集中在我们想要实现的终极目标上。这就类似于战斗机飞行员在空战中锁定目标：用瞄准系统锁定捕获到的目标，对方无论如何耍花样，都无法逃脱追踪。同样，为了完成手头的任务，我们也需要锁定目标，做到毫不分心地去完成它。

第三章 下定决心达成目标

锁定目标

故事启示录

青蛙赛跑

很久以前,有一群青蛙看到了一座很高的塔,于是决定来一场赛跑,看谁第一个到达塔顶。比赛开始了,一大群人聚集在塔的周围为参赛者加油助威。由于那座塔很高,所以人们认为没有一只青蛙能够到达塔顶。他们议论着:

"青蛙们永远到不了塔顶,这对他们来说太难了!"

"他们应该立马放弃,因为他们根本就做不到,只是白费劲。"

慢慢地,正如人们所说,青蛙们感到累了,一个接一个退出了比赛。然而,有一只小青蛙没有像其他青蛙那样

负面评论？我听不见！

放弃努力，他一直向前爬，并且越爬越高。终于，经过艰苦的努力，小青蛙爬到了塔顶！

每个人都感到很惊讶。另外一只参赛的青蛙询问小青蛙，到底是什么让他坚持爬上塔顶的。小青蛙半天没吱声，大家这才发现，原来这位获胜者根本听不见。

我们听到和看到的每一件事都可能会影响我们的行动。这个故事的寓意是，我们做事时不应该因为听了别人的负面评论而分散注意力。这些评论会消耗我们的能量，成为我们逐梦征程中的拦路虎。与之相反，我们应该牢牢记在心间的是那些积极向上的意见，它们可以赋予我们奋斗的勇气与力量。

第三章 下定决心达成目标

障碍之墙还是机会之窗？

遇到障碍，就像面对着一堵墙，不主动采取行动，墙是不会让路的。我们如果想要推倒它，就得费很大的力气，并且不一定能成功！

一种更好、更有建设性的方法是在这堵墙上开一扇窗，让我们可以从不同的角度来看世界。这扇窗让我们有机会一窥外面的世界，我们为什么不把它当作显示决心的"机会之窗"呢？

因此，虽然障碍常常出现，但它们不一定会成为绊脚石。相反，如果把它们当作垫脚石，就可以帮助我们坚定

墙，还是窗？

攻克它们的决心，并让自己在这个过程中变得更强大、拥有更强的抗压能力。

故事启示录

掉进枯井的狗

一天早上，狗叫声惊醒了村子里的人。大家侧耳细听，发现叫声是从一口干涸、废弃的井里传出来的。

村民们过去一看，发现是一只狗掉进了井里，爬不出来，正凄惨地叫着。

井很深，井壁长满青苔，村民们一时不知该如何帮助这只狗。有人提议用绳子把它拉出来，但狗怎么能抓得住绳子呢？

讨论来讨论去，村民们认为，既然救不出狗，那干脆运来泥土填上这口井，这既能让可怜的狗快速摆脱痛苦，也能防止再发生类似的事件。

于是，村民们拿来铲子，开始往井里填土。随着一铲一铲的土被倒进井里，那只可怜的狗一声一声痛苦地叫着。过了一会儿，狗不叫了，它觉察出了村民们的意图。

第三章　下定决心达成目标

重获自由

村民们以为狗已经被埋在泥土下面了，但他们探头往井里看时，却惊奇地发现那只狗不仅没被埋，反而快接近井口了！

原来每一铲土倒进井里，狗就立马抖落身上的土，然后踩上去，渐渐地，就离井口越来越近了。

发现了这个奥妙，村民们继续铲土进去，最终井被填满了，狗也欢快地跳了出来，朝着村民们开心地大叫。

这个故事很简单，却反映了生活的真谛。无论在家里、学校还是工作场所，我们都无法避免碰到种种困难和问题。

麻烦总会出现，就像落到狗身上的泥土一样，我们只需要抖掉它们——正视出现的问题、想办法解决它们并从中吸取教训，就能踩在泥土上继续向上，逐渐变得更加坚毅。

设置精神路标

我们很容易因分心或疲劳而丧失决心。那怎么办呢？一种简单有效的方法是，在你执行任务的时候设置精神路标，这样，你就能很好地监控自己的进度。就像为在夜间驾驶的司机指明方向的标志一样，这些精神路标能够帮助你专注于手头的工作。

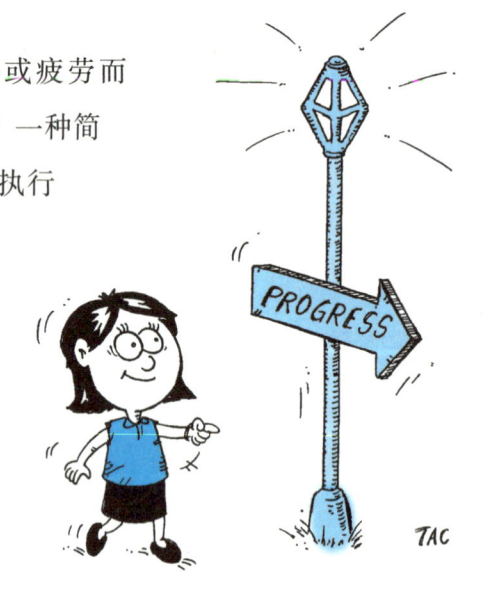

精神路标

举个例子，如果你正在进行 1500 米的跑步，总共需要跑 6 圈，你可以将每一圈作为一个路标来标记你的进度。你完成的圈数增多，你拥有的信心和决心也会随之增强——因

第三章　下定决心达成目标

为剩下的圈数越来越少了。设置这样的精神路标,能够激励和推动你,帮助你坚定跑下去的决心。

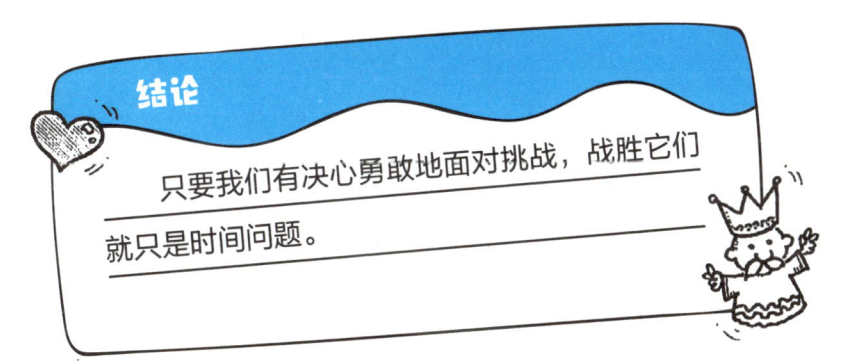

> **结论**
>
> 只要我们有决心勇敢地面对挑战,战胜它们就只是时间问题。

战胜挑战

第四章

自我拓展不设限

拓展自我可以帮助我们发掘潜能,快速成长,自信地迎接未来的挑战。可是,即使拓展自我有这么多好处,仍有一些学生不愿这样做,为什么呢?作者在本章中总结出了以下几个原因:

第一,对失败的恐惧,怕在别人面前丢脸;
第二,对未知的恐惧,担心自己做错决定;
第三,对成功的恐惧,害怕承受更大压力。

如果你也正被这些问题束缚着,无法往前迈开脚步,那就赶紧进入本章,看看作者提供了哪些解决办法吧!

> 如果你已长时间陷入自己的舒适区,那说明你必须要拓展自己的认知了。

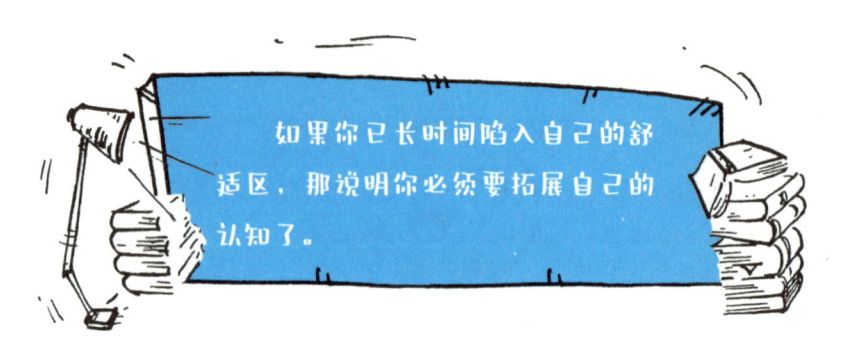

拓展自我

我们为完成任务坚持不懈,实际上也是在拓展自我,以便让自己达到前所未有的高度。

拓展自我其实是一个检验自己潜能的机会,让自己有机

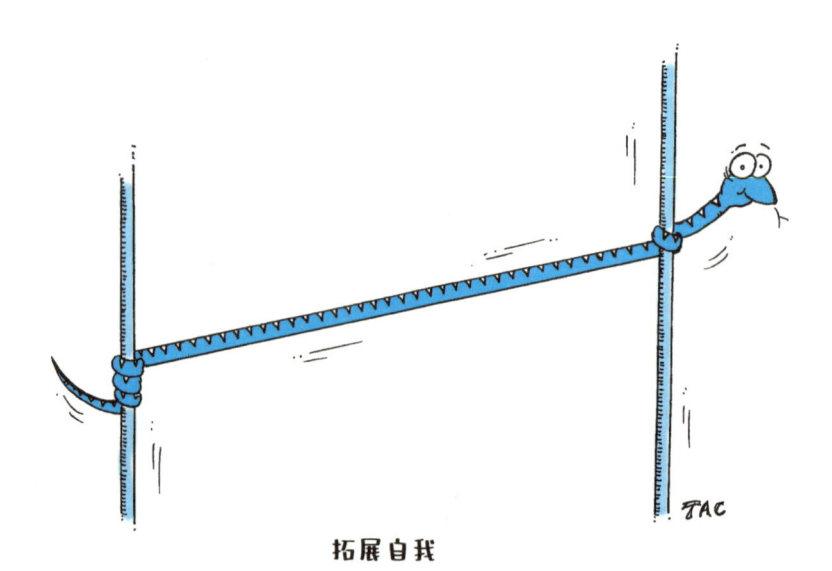

拓展自我

第四章 自我拓展不设限

会去迎接挑战，进而在这个过程中超越自己的极限。当我们做到这一点的时候，我们就会感到惊奇——自己竟然有如此多潜在的、未被开发的能力有待挖掘。

既然我们能够从拓展自我中获益良多，为什么还有人不愿意这样做呢？

对失败的恐惧

有些人在做事之前首先会想到失败的场景，从而判断自己无法成为能够实现目标的人。思想上的局限让他们认

畏惧失败

定仅靠自己的能力是没法实现目标的。正是这种对失败的恐惧，以及怕在他人面前丢脸的想法，阻碍了他们拓展自我。

对未知的恐惧

放弃的另一个原因是不知道接下来会发生什么。这种对未知的恐惧让人们在行动之前犹豫不决，因为做出了错误的决定就可能导致糟糕的结果。即使这个结果只是有可能发生，他们也还是会决定放弃，因为放弃要容易得多。

对未知的恐惧

第四章 自我拓展不设限

对成功的恐惧

这听起来很奇怪，但很多人确实害怕成功，或者说，他们害怕随着成功而来的加在自己身上的东西，比如成功后他们就得背负更高的期望和更大的压力。

对成功的恐惧

上面这些恐惧从何而来？其实这是源自人们对自己已拥有的东西感到满足。即便人们很想实现梦想，但他们内心在一定程度上仍然想要维持原状，这就是我们所说的

"舒适区现象"。

处于舒适区时，一旦要打破现状，人的心里就会产生犹豫。这就是人在过于安逸的时候会拖延的原因——自己足够舒适，并不想做什么事情去改变这个现状！

舒适区

第四章 自我拓展不设限

故事启示录

你可以够到多高?

励志演说家拉里要为一群人演讲。在开始之前,他要从人群中找一名志愿者。一个年轻人举起手,走上前来。

拉里让年轻人贴墙站着,举起手臂,尽可能高地向上伸展。年轻人照办,踮起脚,摸到了他认为自己能够摸到的最高位置。

"这是你可以摸到的最高处吗?"拉里问道。

"是的。"年轻人回答。

"你肯定吗?"

"我非常肯定!"

于是拉里站到椅子上,在他现在能碰到的地方贴上一截胶带。然后,拉里拿出一张100美元的钞票,把它贴在了胶带往上一英寸的地方。

拉里接着说:"如果你能在不跳起来的情况下触摸到这100美元,钱就归你了。"

年轻人听了这话,走到墙边,踮起脚,伸长胳膊。很快,他的指尖触到了胶带。接着,他深吸一口气,继续努力将胳膊伸得更高。费了一番周折，他最终触摸到了那张100美元的钞票。

"你不是说那就是你能达到的最高点了吗？"拉里指着胶带问道。

"是的，在没有100美元之前，我真的这样以为。"年轻人说。

听完，拉里微笑着将100美元递给了他。

你能够到多高？

这个故事清楚地说明了我们潜在的极限和我们感知到的极限是有区别的。有时候，我们感觉自己已经达到了极限，但是，为什么不坚持一下呢？也许你能做得更好！

我们常常低估了自己的能力，正如故事中的那个年轻人。在很多情况下，我们可以够到更高处，可我们总给自己找借口，比如"时间不够""没有精力""无法做得更好"。其实有时候，只要有明确的目标（比如那张100美元的钞票），我们就能拓展自我，达到新的高度。

第四章 自我拓展不设限

故事启示录

为生命奔跑

一天深夜,有个人沿着一条偏僻小道慢跑。这是他日常跑步的路线。虽然听说最近这条路上时有野狗出没伤人,但他还是心存侥幸来到了这里。

这次和往常不一样,他跑了没多久就开始气喘吁吁,感到异常疲惫。也许是因为白天工作特别多,太累了,他觉得自己没有力气继续跑了,于是放慢速度准备回家。

百米冲刺

突然，他听到身后传来咆哮声，转身一看，吓得脸色煞白：两只体形巨大的野狗狂吠着向他冲了过来！

他转身就逃。这可能是他这辈子跑得最快的一次：受到惊吓的他像个疯子一样哇哇乱叫，以百米冲刺的速度跑回自己的公寓。

这对他来说简直是一件不可思议的事情。几分钟前他就已经筋疲力尽了，但在安全受到威胁的情况下，他竟然力量暴增，仿佛潜藏在身体内的所有能量瞬间被激活，拓展了自己身体的极限。

据调查，比起身体上的放弃，运动员往往更容易在精神上放弃。有时甚至还没到体能无以为继的地步，他们在潜意识里就已经放弃了。

青少年在学习的过程中同样如此。为了改变这一现象，青少年可以将大型的、复杂的学习任务分解成更容易处理的小任务，每个小任务都是你靠发掘自己的潜能可以顺利完成的。

记住，你拥有无限的潜能，别轻易放弃。要知道，低估自己，实际上是在为失败寻找借口！

第四章 自我拓展不设限

当众做出承诺

有效地拓展自我、打破局限的一种方法，就是当众做出承诺。一旦这样做了，朋友和家人就清楚了我们的目标，在给予自己更多动力的同时，也简单有效地斩断了我们拖延和半途而废的退路！

当众承诺

以下是一个当众承诺的示例：

承诺书

我，_____（填入姓名），于_____年_____月_____日（填入日期）公开宣布，将尽我所能达成下列目标：

1._____
2._____
3._____

我承诺将在_____年_____月_____日（填入日期）前全力以赴加以实现。

签名：_____

这份承诺书必须展示给大家看，让更多的人来监督自己。这样，做出承诺的压力会促使我们积极拓展自我，更好地完成任务，也会让我们明白，如果没按照承诺完成任务，我们的信誉就岌岌可危了。

第四章 自我拓展不设限

挑战想象极限

苹果公司的创始人史蒂夫·乔布斯告诉身边的人,他打算设计制造一款只有一个按钮的手机。当时没人把他的话当回事,因为大家普遍认为,没有键盘就无法输入文字或数字,乔布斯的想法简直不切实际。

然而,只有一个按钮的苹果手机最终成功推出,并且彻底地改变了整个行业,在很短的时间内成了市场的引领者。自此,再也没有人敢嘲笑乔布斯,苹果系列产品也得

突破想象的极限

到了市场的高度认可。

苹果公司之所以能取得这样的成就，得益于乔布斯和他的团队积极主动地拓展自我、充分发挥自己的想象力。当受到社会规范的制约时，我们会认为这件事情理应如此，愿意遵循事物固有的运作轨迹。因此，一旦有人打破陈规，创造出更好的东西，就足以撼动全世界并成为新的标准。

所以，只要愿意去拓展自我，就相当于打开了通向多种可能的大门！

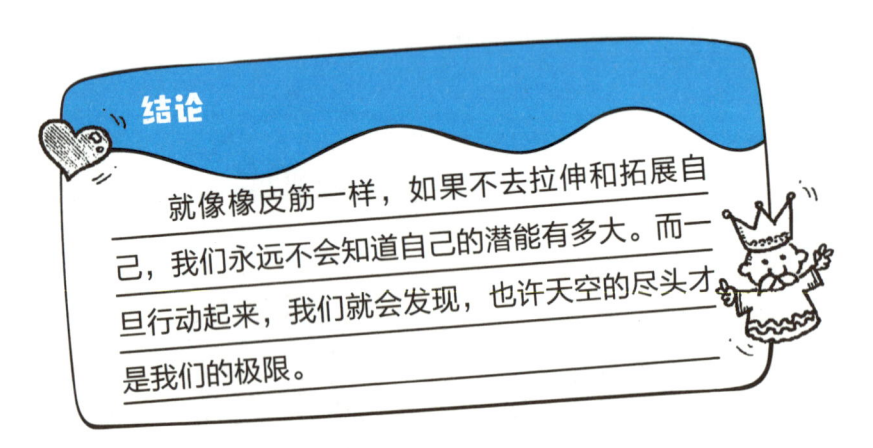

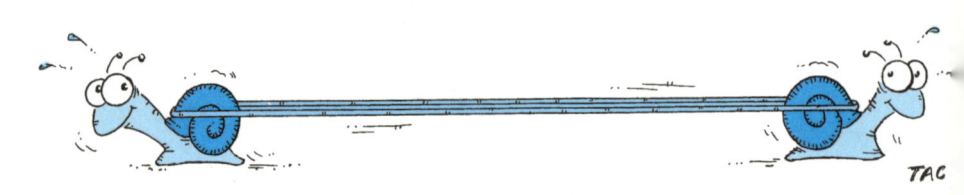

结论

就像橡皮筋一样，如果不去拉伸和拓展自己，我们永远不会知道自己的潜能有多大。而一旦行动起来，我们就会发现，也许天空的尽头才是我们的极限。

拓展自我

第五章

付出更多的努力

努力学习重要,还是聪明学习重要?这是值得每一个人深入思考的问题。

作者在本章中给出了中肯的回答:

聪明学习可以提高效率,而努力学习是成功的基础。因此,我们应该用聪明的方法去努力地学习——不仅要知道做什么、愿意做什么,还要明白如何用更有效的方法去做。

如果你想进一步了解如何既聪明又努力地学习,就进入本章,看看里面给了我们哪些有用的提示吧!

> 你只有格外努力,才能看起来毫不费力。

努力的重要性

坚持不懈地去完成一项任务或实现一个目标并非易事,我们必须克服所有的困难,而这一切都需要努力。如果不付出努力,即便有最好的计划、能得到最大的支持,我们也会失败。

需要付出多少努力取决于目标的大小。例如,相较于

付出努力

第五章　付出更多的努力

一个简单的任务，我们需要加倍付出才能完成一个复杂的任务。有时候，积极发掘、努力拓展自我以发挥出全部潜能是个好办法，可以帮助我们更好更快地完成任务（正如第四章中讨论的那样）。

有一则印度谚语很好地总结了努力、勤奋的重要性与必要性："生活并非一系列令人愉快的选择，而是一连串无法逃避的难题，需要你以力量、决心和努力去解决它们。"

成功的甜蜜滋味

我们在完成一项任务，尤其是需要付出巨大努力才能完成的任务之后，获得的喜悦与兴奋之情是无法形容的。相反，如果完成的是不怎么费劲就能搞定的任务，我们可能就不会那么兴高采烈。原因在于，辛勤工作和努力付出实际上增加了成功的价值，甚至提升了成功的重要性。我们工作越努力，享受劳动成果时的愉悦感就会越强。

虽然成功的果实本就甜美，但通过艰苦付出取得的成果会更美好、更甜蜜。

积极学习力 STUDY HARD

成功的喜悦

天下没有免费的午餐

一切收获都是有代价的——每一次丰收的背后都是农民几个月的辛苦耕耘；每一个优异的考试成绩都是学生勤奋努力学习及复习的结果（不需要付出努力就能成功的人实在太少了）。

然而，人们在潜意识里还是渴望走捷径。由于被"免费午餐"诱惑，人们买彩票参加抽奖活动，希望交好运中大奖，结果绝大部分人都是竹篮打水一场空。更严重的是，

第五章 付出更多的努力

"幸运"圈套

有些人会被告知中奖了——一个他们根本不记得是否参加过的"幸运抽奖"！这显然只是一个骗局。然而为了得到巨额奖金，当骗子让他们预支一笔保证金的时候，许多人还是因为存有侥幸心理和贪念而落入圈套。

我不得不提醒你，"免费午餐"听起来很美妙，但很遗憾，那多半是骗你的！

故事启示录

林来疯

林书豪是美国职业篮球联赛(NBA)的亚裔美籍球员。2012年,在纽约尼克斯队对阵新泽西篮网队的比赛中,林书豪替补上场后充分发挥自己的实力,带领尼克斯队取得了胜利。在接下来的几场比赛中,他不仅拥有了上场的机会,还作为先发控球后卫出战,带领团队连续取得了6场胜利。他的精彩表现创造了"林来疯"的轰动效应,让他一举成为国际篮球偶像。

然而,林书豪的成功并非从天而降。他在哈佛大学的篮球俱乐部中曾取得辉煌的成绩,因此大学毕业后,他热切盼望自己能入选NBA球队。可结果不尽如人意,林书豪名落孙山。不过他从未想过放弃,凭借着在夏季联赛中的出色表现,最终得到了金州勇士队的一份合约。

作为勇士队的新晋球员,林书豪没有什么上场的机会。在那个赛季里,他3次被下放到NBA发展联盟雷诺大角羊队去锻炼。不过,他没有把这些经历当作挫折,而是将它们视为机会:他在那儿好好练球,以提高自己的

第五章 付出更多的努力

林书豪

球技。

  在赛季的间隙，林书豪格外努力地训练，但是当新赛季开始的时候，他还是连续被两个球队放弃了，最后纽约尼克斯队接受了他，但也仅仅让他做后备球员。

  直到在赛场上队友受伤无法出战，林书豪才作为替补获得了梦寐以求的上场机会。他之前所有的付出让他稳稳抓住了这次机会，创造了"林来疯"的奇迹，这不仅彻底改变了他的命运，尼克斯队还在他的带领下夺得了一连串的胜利。

林书豪的故事说明，一个人只要努力付出、绝不放弃，最终都能获得成功。在机会到来之前，林书豪努力地磨炼自己、提高自己的能力，而不是傻坐着，这就是他能够超常发挥，一鸣惊人的重要原因。

努力重要，还是聪明重要？

也许有人会告诉你："要聪明地学习而不是努力地学习。"这种说法其实是有漏洞的，聪明地学习能帮助你提高学习效率，而努力地学习是成功的基础。聪明地学习仍然需要你付出汗水甚至血泪。因此，青少年应该用聪明的方法去努力地学习——不仅知道应该做什么，还要明白如何以更有效的方法去做。

故事启示录

知道敲在哪里

有位收藏家专门收集古董车，他的藏品停满了一个非常大的车库。为了让古董车的性能不受影响，收藏家费尽

第五章　付出更多的努力

了心思。有一天,他发现1940年出产的那辆福特B型车发生故障,用尽办法也无法启动。他找了许多汽车修理师甚至工程师,但没人能让这辆汽车发动起来。

后来他的一个朋友为他引荐了一位老师傅,老师傅修了一辈子汽车,经验非常丰富。老师傅带来了一大袋工具,将车从上到下仔细检查了一遍,然后拿出了一个小锤子。收藏家在旁边紧张地看着,想知道老师傅下一步会做什么。

老师傅在发动机里找到一个零件,轻轻地敲了一下,

1万美元的账单

引擎立刻轰鸣起来，汽车修好了！

收藏家高兴极了，对老师傅谢了又谢。老师傅只是笑了笑，说账单很快会送来。

几天后，收藏家收到了1万美元的账单。不过就轻轻敲了一下，怎么能要这么高的报酬呢？！收藏家认为这份账单不合理，于是回寄了一张字条，要求列出收费明细。

收费明细很快送达，上面简单地列着：

用锤子敲：$5.00

知道敲在哪里：$9,995.00

这个故事告诉我们，有时别人看似只是完成了一件简单的工作，可背后却付出了不为人知的努力。故事中的老师傅就是这样，他正因为有着数十年辛勤工作的经历，积累了丰富的工作经验，才能够三两下就完成了这看起来非常简单却没人能完成的任务。

深入挖掘

从前有一个国王，他向百姓宣布，这块土地中埋藏着宝藏，无论谁，只要找到宝藏就会得到重赏。消息传开以后，成百上千的人拥来挖宝藏。他们夜以继日地挖掘，希

第五章 付出更多的努力

望自己能最先找到。几天过去了,没人挖出任何宝藏,陆续有人放弃并离去。

随着时间的推移,坚持挖宝的人越来越少。一个星期过去了,所有人都离开了,只剩一个年轻人。他坚持挖,并且挖得越来越深。他的努力终于得到了回报,两天后,年轻人发现了这个藏得很深的宝藏。

深入挖掘,意味着付出更多的努力。我们在自己内心进行更深的挖掘时,实际上就是在寻找能进一步推动我们前进的内在动力。

在别人放弃的时候,更深入地挖掘可能正是我们最终获得成功的原因。

深入挖掘

故事启示录

"洛奇"之路

西尔维斯特·史泰龙是好莱坞的著名影星,他主演的电影《敢死队》《兰博》和《洛奇》在世界各地都很受欢迎。然而,在成名之前,史泰龙生活得很艰辛,不过即便

不放弃自己的洛奇

第五章 付出更多的努力

身处困境，他仍表现出了坚持不懈与努力奋斗的精神。

那时，史泰龙是一个非常努力，却仍然只能勉强维持生计的演员。最潦倒的时候，他甚至无家可归，不得不在公交车站睡了3天。最后，他实在没法养活他的狗，只好把它卖掉——在一家卖酒的铺子里卖了25美元。

史泰龙的人生转折点出现在他观看穆罕默德·阿里和查克·维普纳的拳击比赛时。这场比赛给了他极大的启发，他一口气创作出一个剧本，就是《洛奇》的脚本。史泰龙四处推销剧本，很快有电影制片厂愿意出12.5万美元购买。不过，史泰龙有一个附加要求：他要做这部电影的主角。电影制片厂拒绝了，认为史泰龙没有名气。史泰龙拒绝让步，不满足他的要求就不卖剧本。之后，这家电影制片厂陆续出到了25万美元和35万美元买他的剧本，但史泰龙仍然拒绝了。

最后，电影制片厂让步了，史泰龙获得了35万美元的稿酬和一个主演的机会。电影上映后，《洛奇》获得了口碑和票房的双重成功，在奥斯卡颁奖典礼上，它获得了最佳影片、最佳导演和最佳剪辑奖，史泰龙更是凭借自己的努力获得了最佳男演员奖的提名。

还有一件暖心的事。据说史泰龙拿到35万美元的稿酬后，做的第一件事就是赎回他的狗——史泰龙非常爱他的狗，不管花多少钱，他都决心把它带回家。

史泰龙在卖酒的铺子里等了3天才等到买狗人，他试图花100美元把狗赎回来，那人拒绝了。后来，直到史泰龙报价1.5万美元，买狗人才把狗交给了史泰龙——就是那只他当初只卖了25美元的狗。

在《洛奇》取得成功之后，史泰龙继续创作并主演了续集，他主演的大部分电影都很卖座。史泰龙成了好莱坞最炙手可热的明星之一。

可以说，史泰龙就是洛奇这个角色的原型，他的经历告诉我们，努力与坚持才能获得成功。如果在穷困潦倒的时候，史泰龙放弃了自己，他就不会成为后来的他，全世界也无法看到他的精彩表演。所以，在人生旅途中跌倒后，我们必须自己努力爬起来。

实际上，关于史泰龙的故事，电影《洛奇》中的一句台词做出了最好的概括："重要的不在于你能挥出多重的一拳，而在于你承受得住多重的拳，并且是否还能继续前进。"

第五章 付出更多的努力

结论

格外努力地付出往往能改变一个人的成长道路,帮助他从失败逐渐走向成功。

格外努力

第六章

培养预见能力

预见性是推动我们前进、帮助我们实现目标的关键因素。因此，对学生而言，培养预见能力、养成预见性思维非常重要。具体来说，需要做到如下 3 点：

第一，知道自己有什么梦想、希望什么时候实现；

第二，不要人为地限制自己的梦想；

第三，立即采取行动为实现梦想而努力。

了解了努力的方向，接下来就让我们一起进入本章，跟随里面的方法指导，从上述 3 个方面入手，努力培养自己的预见性吧！

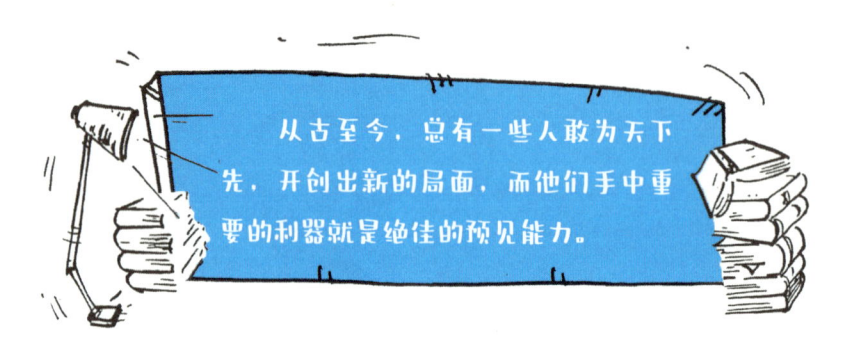

> 从古至今，总有一些人敢为天下先，开创出新的局面，而他们手中重要的利器就是绝佳的预见能力。

预见性的重要性

日本有这么一则谚语："没有行动的预见性是白日梦，没有预见性的行动是噩梦。"

这句话告诉我们，无论做什么事都要有预见性——要有对成功的预测和构想。

预见不应该被误认为是计划。计划需要有一个详细的提案或规划，以达到某个明确的目标。但在做计划之前，我们必须要有预见性，需要设想一下可能取得的结果。

预见性可以成为激励我们向前的动力，它能驱使我们把计划从头到尾构想一遍。我们按计划执行任务时，常常会感觉疲劳，注意力不自觉地被分散。这种状态就可能使我们偏离计划轨道。可是，如果我们对结果有合理的预判，我们就能获得继续前进的动力，进而坚持不懈地完成任务。

一个叫马修的尖子生被问及成功的秘诀时，他说是自

第六章 培养预见能力

预见 VS 计划

己对希望取得的成绩有预见性。这种预见性实际上对他达到预设目标起到了促进作用。

例如,拥有预见性,他就能够客观评估自己的能力。如果他的考试目标是 A,而目前他的水平一般,他就会非常努力地学习。大概率,他都能达到自己的目标。当然,有时候即使没能考到理想的分数,他也并不会因此而失望。

所以,明白了吗?制订目标的时候,最好瞄准稍高一些的目标。有人曾说:"以月亮为目标,即便错过了,你还

把目标定得高一些

能拥有星星。"抛开天文学知识不谈,这句话想表达的意思无疑是正确的:如果把目标定得高一些,对伟大的成就怀有梦想,即使最后目标没能达成,我们仍能从中受益。

培养预见性

预见性能推动我们前进,是帮助我们实现目标的重要因素。每个人都能具有预见性,前提是具备如下三个特质:

第六章 培养预见能力

第一，知道自己想要什么，什么时候要。

以你的现状为起点，确定你希望在一定的时间内达成的目标。是想取得更优异的成绩还是减轻体重让自己更健康？这种预见不必是长期的，想在下一次考试中取得好成绩或考入心仪的高校就读也是很好的目标。关键是，要给自己一个现实可行的时间限制，并设定好你的计时器。

第二，不要人为地限制你的梦想。

预见性可以引导我们达成自己的目标，但它必须是一件"大事"，是你真正渴望实现的愿望。如果我们对自己的预见进行严格的自我审查和限制，它可能会变成一些琐碎小事——我们就会因此缺少足够的激情去努力实现它。

第三，立即采取行动去实现你的梦想。

有了预见性，梦想也就被描绘出来了，那接下来就应该采取行动让梦想成真。本

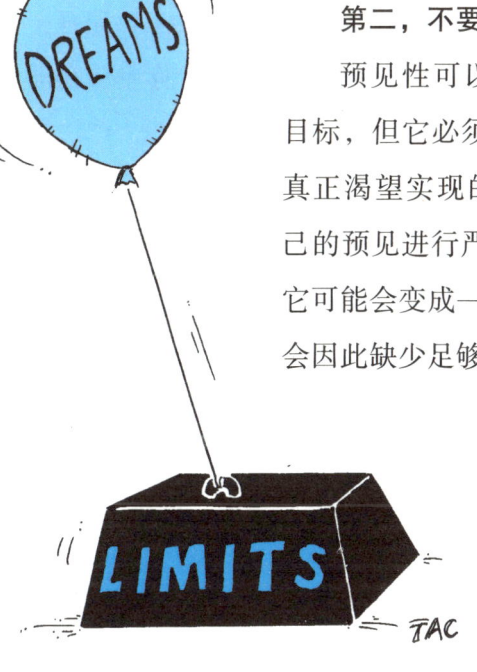

不要限制自己的梦想

系列的另一本书《培养行动力》中对如何制订计划以及实现计划有详细介绍,可供参考。

梦想板

这是一个简单而有用的工具,可以很好地激励我们。

首先,找一块大大的白板,将描绘着梦想蓝图的图片或剪纸贴上去,这块板就是你的梦想板。也许你想拥有一辆跑车,那就找来汽车的照片贴上去。或者,你希望在即

梦想板

第六章 培养预见能力

将到来的考试中考得高分,那就把你每门学科想要取得的成绩写在梦想板上。

接下来请将梦想板放在醒目的地方,让你一眼就能看得到,以便不断提醒你、激励你为实现它而努力。

故事启示录

探索太空

自从实现了飞行的梦想,人类就一直想要走得更远,渴望去其他星球以及更遥远的地方探险。

1969年7月20日,阿波罗11号终于登陆月球。宇航员尼尔·奥尔登·阿姆斯特朗走出登月舱,站在尘土飞扬的地面,说出了一句令人难忘的话:"这是我个人的一小步,却是人类的一大步。"他与这句话一起,标志着人类太空探索时代的到来。

许多人认为,从阿姆斯特朗加入美国太空计划起,通往新时代的大门就被打开了。对整个人类而言的确如此,但对阿姆斯特朗来说,这扇门其实在更早之前就已经被推开了。20世纪30年代出生并成长于美国俄亥俄州的阿姆斯特朗一直相信自己的生活会是特别的，他有远大的目标，希望成为载入史册的重要人物。正是这种预见性激励他登上了人生的巅峰。

还是个孩子的时候，阿姆斯特朗就被父亲带去参加飞行比赛。他对飞行产生了浓厚的兴趣，并在16岁时就考取了飞行员执照。阿姆斯特朗在普渡大学学习航空工程的过程中，由于表现优异，获得了美国海军奖学金，后来还在海军服役3年。1952年，他从军队转业，回到学校继续学习。几年之后，他加入了美国国家航空航天局(NASA)，成为一名试飞员和工程师。

以梦为马的阿姆斯特朗

第六章 培养预见能力

当有机会加入太空计划时，阿姆斯特朗毅然抓住了这个机会。接下来发生的故事，可谓家喻户晓：阿姆斯特朗成了第一个在月球上行走的人。

阿姆斯特朗对待自己的梦想是如此专注，认识是如此清晰，他坚定且富有激情地为实现梦想而努力，永不言弃。

故事启示录

布鲁克林大桥

布鲁克林大桥是美国纽约的地标，以桥上的高塔和将桥身吊离水面的上万根钢索闻名于世。布鲁克林大桥的建造史其实也是一个家庭设定预见性目标，并为实现梦想而奋斗的故事——设计师家庭在设计、建造这座桥的过程中遇到了前所未有的困难，受到了许多质疑者的指责，项目差点儿被叫停。

约翰·罗布林是著名的桥梁设计师，他提议建造一座连接布鲁克林和曼哈顿的壮观的大桥。虽然许多专家都不赞同这个项目，但罗布林并没有放弃，他坚信自己的预见性目标是可行的，于是力排众议，争取到了批准，并说服自己的儿子华盛顿加入了这个项目。父子俩一起努力，组建团队开始建桥工作。

刚开始一切都很顺利，但不幸的是，有一次约翰·罗布林在河边勘察时意外受伤，不久便去世了。华盛顿接任建桥总工程师，却因长期在水下作业患病致残。尽管遭遇了重大的挫折，华盛顿还是坚持了下来。他躺在家里的窗边，靠望远镜监督施工，口述各项指令，由妻子艾米丽·沃伦·罗布林记录转交给施工人员。在长达14年的时间里，艾米丽一直是华盛顿和工程师们之间联系的纽带。1883年，布鲁克林大桥正式建成通车，被誉为"科学的奇迹"。

可以说，这是一个家庭以预见性思维制订目标，并以决心和毅力来坚守，不畏艰难、不计个人得失的伟大故事。

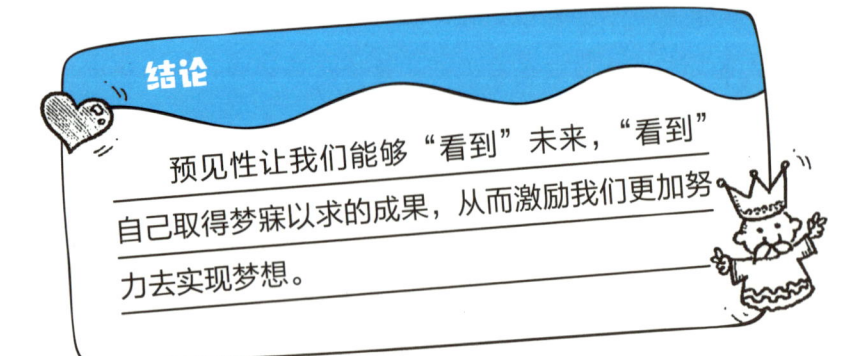

结论

预见性让我们能够"看到"未来，"看到"自己取得梦寐以求的成果，从而激励我们更加努力去实现梦想。

第六章 培养预见能力

预见，实现梦想

第七章

探索多种解决方案

虽然不同的难题有不同的解决方法,但是仔细分析就会发现,这些方法的核心是一系列有逻辑的步骤。在本章中,作者将具体介绍如下几个核心步骤,帮助大家快速掌握解决问题的关键。

1. 识别问题:找出问题所在;
2. 探索问题:扩展问题的外延,深入了解问题;
3. 设定目标:在了解的基础上合理设定解决方案;
4. 提出备选方案:尽可能多地提出解决方案;
5. 确定并实施方案:结合实际,确定最佳方案并实施;
6. 科学评价方案实施结果。

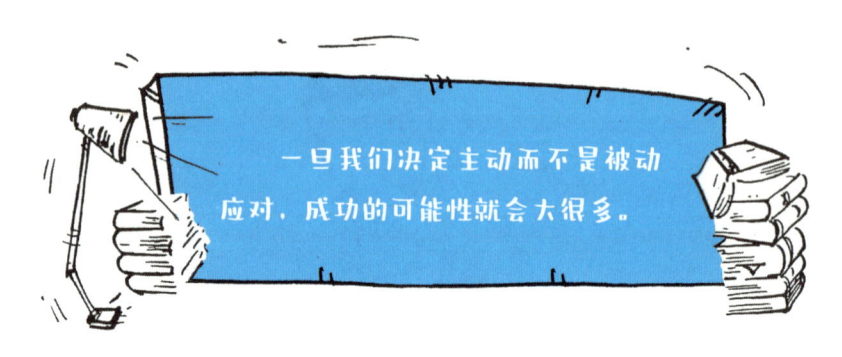

> 一旦我们决定主动而不是被动应对，成功的可能性就会大很多。

哪里出了问题？

在完成任务的过程中，遇到问题和阻碍是不可避免的。尽管我们拥有坚持不懈、继续前进的强大信念，但有时仍然会长时间地被困在某个环节中止步不前，有再多的动力似乎

有没有解决方案？

也没办法脱困。因此，一些人会感到沮丧，最终选择放弃。

面对同样的处境，另一些人既不会死守也不会轻言放弃，既有的方法行不通，他们就会设法去探索其他可行的解决途径和方案。他们会深入地思考出现的问题，从另一个角度去看待问题，进而想出解决方案。

因此，换个思路去探索，找出不同的解决方案，在坚持不懈向前推进任务的过程中至关重要。

故事启示录

这个场景你熟悉吗？

"天哪！我不小心把咖喱汁溅到衬衫上了，到处都是！这种污渍是洗不掉的，我该怎么办？"一位女士惊呼道。

"洗衣粉或清洁剂洗不掉吗？"一名穿着实验室工作服的男子问道。

"是的，洗不掉！"

"如果我在污渍上涂一些油和牛奶会怎样？"男子一边问一边这样做。

"住手，你在干什么！你把我的衬衫全毁了！"女士一副快哭的表情。

"别担心，女士，×牌清洁剂会帮你清除所有的污渍和烦恼！"男子说完，一段动画短片开始播放，向观众展示×牌清洁剂的优点，演示如何除掉令其他清洁剂都束手无策的顽固污渍。

有奇效的清洁剂

衬衫当然被洗得很干净，女士笑容满面地炫耀着一件干净、亮丽如新的衬衫。她和显然是×牌清洁剂推广者的那名男子一起为这个品牌唱着赞歌，而这时，这则广告就会以朗朗上口、时尚有趣的品牌口号结尾。

注意到广告中解决问题的模式了吗？出现问题（污渍）—既有方案无法解决（现有的清洁剂洗不掉）—探索其他可行的解决方案（×牌清洁剂）。

虽然广告难免有夸大产品效果的嫌疑，但它为我们提供了一种探索性的思维模式——遇到问题、研究替代方案、找到最佳方案。

仔细想想，我们在生活中使用的那些最有用的工具，几

第七章　探索多种解决方案

乎都是构造简单、容易操作的。从回形针到橡皮筋，这些简单的工具大大便利了我们的日常生活。当你想将一些东西绑起来，或确保一些东西系在一起不会散开时，你首先想到的是什么？当然是橡皮筋。因此，当遇到阻碍时，我们就需要像橡皮筋一样灵活应变。墨守成规对我们没有任何帮助。放弃实践过、尝试过的那些方法，从既定的思维模式中跳出来，换个角度找出其他可以帮助我们解决问题的方法吧！

解决问题的步骤

解决问题的方法可以有很多种，但可以肯定的是，所有的方法都包含一系列符合逻辑的步骤。

以下就是我们着手去解决问题时需要采取的一些重要步骤：

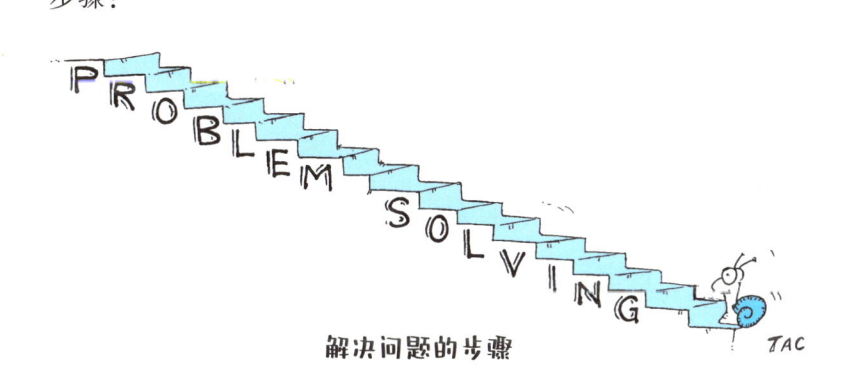

解决问题的步骤

第一，识别问题。

首先需要找出问题所在，确定问题是什么。

在描述问题时应当尽可能明确、具体。

识别问题

第二，探索问题。

识别问题后，问自己以下几个问题：

- 这个问题对我产生了什么程度的影响？
- 其他人是否也会受到影响？
- 是否有人遇到过这个问题？
- 他们是如何解决的？
- 是否有合适的人可以与我讨论这个问题的解决方案？

第三，设定目标。

这一步是让我们运用预见能力来设定一个合理的目标。

第七章 探索多种解决方案

设定目标

清晰的目标有助于我们找到正确的解决方案。

第四，探索替代方案。

探索替代方案的最佳方法是头脑风暴。在进行头脑风暴的过程中，我们可以开拓思维，多角度思考解决办法。这些想法是否可行并不重要，在这一环节，尽可能多地提出解决方案才是重要的。

当然也有其他方法，比如与其他人就产生的问题进行讨论，从他们那里得到一些可行的建议。

第五，确定并实施可行的解决方案。

在提出了一系列想法和解决方案之后，接下来就是判断、选出最可行的解决方案并实施。想要选出最佳方案，我们就得预估实施这些备选方案可能产生的结果，或是尽可能从其他人那里获取关于备选方案的反馈信息。

实施方案

做完这些之后，就可以具体去实施这个解决方案了。

第六，评价结果。

虽然解决方案是精心选出来的，但也不能保证实施它就一定能够解决问题。因此，完成之后对结果进行科学的评价至关重要。评价时，需要考虑以下问题：

- 这个方案是否有效？
- 是否彻底解决了问题？
- 是否实现了既定的目标？

第七章 探索多种解决方案

评 价

如果达到了既定目标,问题就得到了有效解决。如果结果令人不满意,那么就需要重复之前的步骤,直到找出一个好的解决方案。

解决问题的过程并不轻松,需要我们付出时间和精力。但是,只要下定决心去解决问题,认真探索所有可能成功的方案,就一定会得到应有的回报。

积极学习力
STUDY HARD

故事启示录

正确的选择

华裔时装设计师王薇薇曾立志成为一名伟大的花样滑冰运动员。她6岁开始学习花样滑冰，年少时多次获得青少年花样滑冰冠军。然而，由于在全美花样滑冰总决赛中落败，未能入选国家队，王薇薇便转而进入时尚界发展。

对她来说，这条路并不顺利。她成为《VOGUE》杂志的资深编辑，却未能顺利当上杂志主编。不过，这并没有

美丽的婚纱

第七章　探索多种解决方案

浇灭她奋斗的热情。后来，为自己挑选婚纱的不愉快经历让王薇薇萌生了从事婚纱设计的念头。如今，Vera Wang 这个品牌在国际上享有盛誉，玛丽亚·凯莉、维多利亚·贝克汉姆、詹妮弗·洛佩兹等各界名人争相邀请她设计婚纱。

王薇薇的成功故事告诉我们，若是在人生之旅中碰壁，就要敢于去破壁——探索其他可能。面前这道门虽然被关上了，但总有一道门是敞开的。只要勇于探索，我们就能找到正确的选择。

结论

在生活中碰壁时，请环顾四周，仔细观察：

这堵墙有尽头吗？是否可以绕过去？

这堵墙是否够矮，我们可以翻越过去？

墙上是否有门或窗，可以让我们穿过去？

只要努力去探索，我们总能找到办法到达这堵墙的另一边！

积极学习力 STUDY HARD

WALL

怎么过去呢？

第八章

在反思中成长

在执行任务的过程中适时停下来反思是非常有必要的，这么做可以启发我们思考：

自己正在做什么？
已经取得了多大的进展？
是否正朝着正确的方向前进？

这些思考能让我们的目标和方向更加清晰，不偏离正轨，带领我们在奋斗之路上走得更快更远。那么，在任务推进的过程中，我们应该如何恰当地安排反思节点呢？关于这个问题，本章中给出了详细的解答，去找一找你想要的答案吧！

> 没有反思,盲目地前进,只会造成更多意想不到的问题,无法取得任何成果。

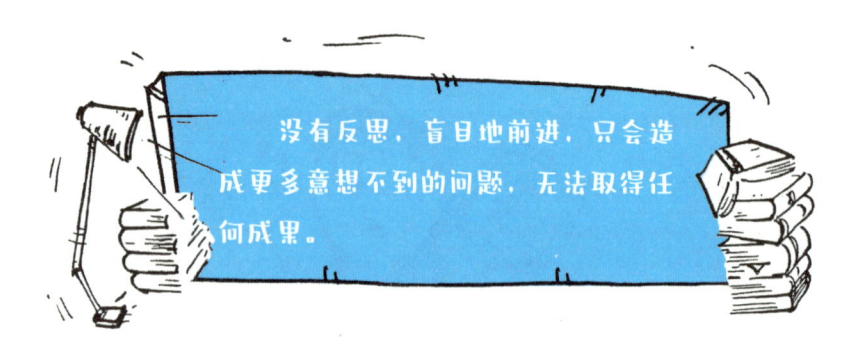

"疯疯火火"的世界

我们生活在一个快节奏的世界中,经常可以看到人们匆匆忙忙地去上学、上班、参加会议等。大多数人都想尽快结束手中的任务。然而,如果总是急急忙忙地赶着尽快完成任务,很容易犯错误,让自己走弯路。

例如,我们正在设计一个网站,期望将它设计得既实

"疯疯火火"的世界

第八章 在反思中成长

用又能博人眼球。那么，每过一段时间就停下来反思一下是个不错的方法，这可以让我们思考阶段性的设计是否有违初衷。如果发现出现了偏差，我们就可以及时修正，找对方向重回正轨并继续前进。

后退，是为了更好地前进

现在我们来做个实验：

首先，请停止阅读。

给你自己按下"暂停"键，停顿 30 秒。把你正在阅读的东西都抛到脑后，专注于你眼下的感受。

在这 30 秒内，你走神了吗？你开始感受到周围的环境、认真倾听周围的声音了吗？

无论你有怎样的反应，这个简单的试验都证实了反思是有效果的，可以让你好好看看眼下正在发生什么，让你关注到身边的事物。

我们在做事的时候，会习惯性地时不时开启"自动驾驶模式"，或者对事情投入很少的心思。这种行为其实是在让你后退，而不是前进，而反思会促使我们去思考发生了什么。这时，停下来反思能够帮助我们观察：正

积极学习力 STUDY HARD

向后拉,也是朝前冲

在发生什么,我们取得了多大的进展,是否在朝着正确的方向前进。想想玩弹弓的时候为什么要先将橡皮筋和石头朝后拉。同理,反思的同时,目标和方向会变得更清晰,我们就可以走得更远,也许还会更快。

　　如果不花时间去反思,我们的坚持最终可能会让自己得到一个错误的结果,浪费之前所有的努力。我想应该没人想得到这样的结果,对吧?

第八章　在反思中成长

故事启示录

美角与丑腿

从前有一只雄鹿，他为自己拥有如此美丽的鹿角而感到自豪。有一天，他来到森林里的一个池塘边喝水。

雄鹿弯下腰去喝了一小口水，同时看到了水面上自己的倒影。天哪，我的鹿角可真漂亮！正看着鹿角微笑时，他突然看到了自己的腿的倒影。

"哦不，我的腿怎么这么瘦？它们看起来太糟糕了！我的鹿角这么漂亮，可腿怎么这么丑啊！"他惊叫起来。

突然间，雄鹿听到了黑豹的咆哮声。他转过身，看到黑豹朝自己扑了过来。来不及思考，雄鹿以最快的速度转身就逃。他的腿很有力，带着他一路狂奔，很快就跑进了森林最茂密的地方。那里有的是树枝和灌木丛，可以让他躲起来。他松了一口气，以为自己终于安全逃脱了。

然而，周遭枝丫杂乱，一不小心，雄鹿的鹿角就被一根藤蔓缠住了。他越是挣扎，藤蔓就把他的角缠得越紧。黑豹听到鹿的剧烈挣扎声，很快找了过来。雄鹿听到了黑

骄傲的雄鹿

豹的咆哮声。

"唉,我现在才知道对我来说什么才是真正有价值的!"当黑豹迅猛地扑过来时,雄鹿悲叹道。

这个故事告诉我们,在反思时我们必须客观地看待每一个环节,无论它们是好还是坏。我们不应该为自己的进步过于骄傲,也不应该忽视潜在的盲点。发现并改正缺点的过程总是让人感觉不好,但改正之后得到的结果肯定是好的。

第八章 在反思中成长

过度反思

著名的哲学家苏格拉底说过:"未经审视的人生不值得度过。"但是,过度反思也会伤害我们,阻止我们前进。《汤姆·索亚历险记》和《哈克贝利·费恩历险记》的作者马克·吐温曾说过:"未经审视的生活也许不值得度过,但过于频繁地去审视人生,可能根本就无法活下去。"

反思的频率太高,就意味着我们过度分析和质疑每一个步骤,这是不理智的行为,会影响我们的进度。所以,关键是要适度地反思。我们应该根据任务的难易程度,合

反思过多

理设置节点进行反思、分析。简单的任务，一两次反思就足够了；复杂的任务则可以在四分之一、二分之一和四分之三的节点上进行反思、检查。

> **结论**
>
> 生活中，需要我们去完成的任务总是一个接一个，在忙碌之际，我们应该时不时地调整自己的状态，这样才能冷静客观地反思、审视已取得的进展，为未完成的任务做充分的准备。

自我反思

第九章

过程比结果更重要

在最后一章中,作者向我们娓娓道来:从长远的发展来看,做任何事,过程都比结果更重要。我们完成一项任务,成功了固然值得高兴,若失败了也不应觉得之前的付出白费了,它至少能让我们得到以下两个方面的启发:

第一,坚持不懈执行任务的过程,能帮助我们升级自我认知,提高洞察力;

第二,表面上失败的结果,给了我们发现不足的机会,引领我们去直面挫折、反思探索、自我改进,以获得更大的成就。

> 知人者智；自知者明（觉悟）。

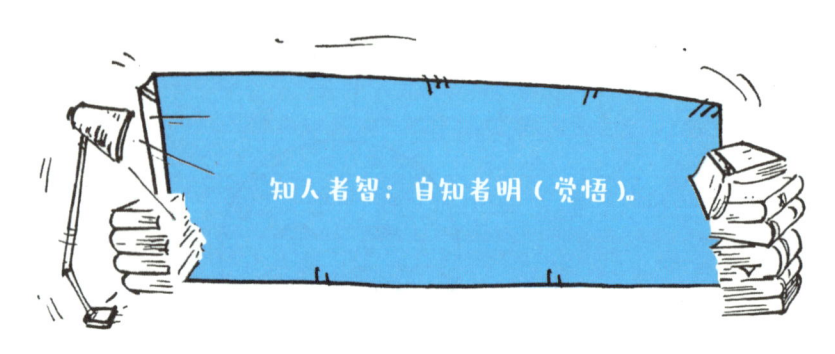

从失败中获得启发

无论需要我们完成的这个项目是长期的、艰巨的，还是短期的、容易的，只要最终获得成功就足以令人振奋，在执行任务的过程中付出的艰苦和努力，以及其他的种种牺牲，都是值得的。

获得启发

第九章 过程比结果更重要

有一些项目，可能结果不尽如人意，但我们仍然可以从中得到有益的东西。成功当然是甜蜜幸福的，但失败也不是一无是处，至少它给了我们了解自己有哪些不足的机会。

生活总是会有起起落落，而坚持不懈会让我们在前进的道路上获得自我认知和洞察力，教会我们如何去探索思考、直面挫折、取得成就。并且，这些经验还可以帮助我们塑造自我，让我们更有活力。

积累生活经验

乐高积木是儿童甚至成年人都很喜爱的一种玩具。乐高积木的魅力在于，我们可以用它来建构自己想得到的任何东西。这种积木在世界各地广受欢迎，许多地方都有乐高主题公园。

我们的生活以及学习经历不是单一地存储于记忆中的，它们就像乐高积木一样，我们经历得越多，

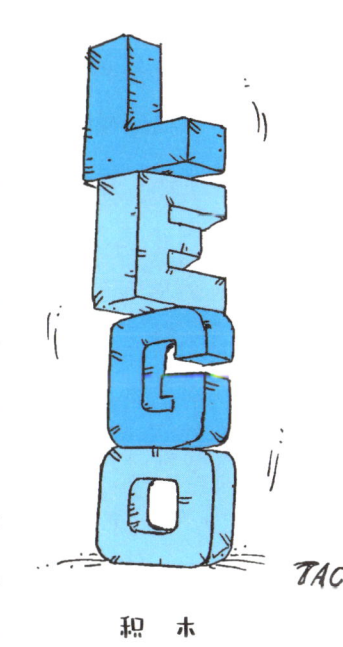

积 木

体验到的成功和失败就越多，得到的"积木"也会越来越多，层层叠叠，越来越高。在适当的时候，"积木"会搭成一座塔，让我们变得更聪明，更成熟。那座塔就是我们的生命之塔。

故事启示录

你愿意为国牺牲吗？

一位将军正在对一群军官训话，他们刚刚完成了丛林生存训练课程。将军说，看到军官们在训练中克服了重重困难，自己为他们感到骄傲。听到这里，军官们自豪地笑了。快要结束训话时，将军问了军官们一个问题："必要的时候，你们愿意为国家牺牲自己的生命吗？"

"是的，长官！"军官们几乎齐声答道。接着，第二排的一名军官补充了一句："我还要确保让一些敌人为我陪葬，长官！"

第九章 过程比结果更重要

我要活下去!

听到这个充满爱国激情的答复,其他军官为他欢呼了起来。当欢呼声逐渐平息时,最后一排的一名军官喊道:"不,长官!我不愿为我的国家牺牲生命!"

其余的军官感到震惊和困惑——他为什么会给出这样一个不爱国的答复呢?

将军注视着那个军官的眼睛,问道:"为什么?"

"长官,比起为国家牺牲生命,我更希望自己为国家活下去。为国牺牲听起来很爱国，可一旦死了，就不能再为国家、为人民服务了。今天这门课程，想要教给我们的就是要尽己所能生存下来。为国家而活，我才能为它做更多的贡献！"

这位军官客观认真地考虑了这个问题，并给出了一个富有启发性的答案，将他在丛林生存课程中学到的知识与经验，与为国家服务的宏大目标联系了起来。他明白比起为了国家牺牲自己，活下去才能做出更多的贡献。

一个持续的过程

获得启发不是一蹴而就的，而是一个持续的过程。成功和失败造就了我们，让我们在前进的道路上可以更多地了解自己。有了从失败中获得的经验和启发，我们才能变得更加强大。

迈克尔·乔丹被认为是他那一代人中最优秀的篮球运动员之一，他有句话总结得特别好："在我的职业生涯中，我输掉了近300场比赛，还有26次，队友们把投制胜球的机会给我，我却未能命中，输掉了比赛……在我的生活

第九章 过程比结果更重要

中,我失败了一次又一次,然而这些失败也正是我成功的原因。"

只要我们坚持不懈、永不言弃,成功终将掌握在我们手中。

结论

启发照亮了我们获取经验的道路,并能帮助我们减轻完成后续任务的负担。

得到启发

后记

恭喜你读完了这本书!

我不得不承认,这是我完成得最困难的写作任务之一,因为我给自己的完稿周期太短了。具有讽刺意味的是,我正在写以坚持不懈为主题的书,自己却差点儿放弃,没能在截稿日期前完成任务!幸运的是,在整个写作过程中,我不断被自己搜集到的、呈现在书中的各种观点所启发和鼓舞,这极大地激励了我坚持下去。我终于如期完成这本书,虽然我因此牺牲了无数个小时的美

创作这本书

好睡眠！

为了搜集适合这本书的奇闻轶事，我了解了那些努力奋斗并最终获得成功的作家。正是他们的传奇经历鼓舞并鞭策我完成了这本书的文字内容与插图。

我在这里列举一些克服重重困难，最终获得伟大成就的作家：

约翰·格里森姆，一个喜欢写作的律师。他的第一本书《杀戮时刻》花了 3 年的时间才完成。在他联系出版商试图推出这本书的过程中，他被拒绝了 28 次，最后终于有一个小出版商答应他，为这本书首印了 5000 册。由此，才有了他的第二本书《糖衣陷阱》的出版。这本书出版后成了一本超级畅销书，也是他的第一本畅销书。

斯蒂芬·金，恐怖故事大王，他的第一本书《魔女嘉莉》被拒绝了 30 次才得以出版。他一度非常沮丧，以至于把书稿扔进了垃圾桶。幸运的是，他的妻子找回了书稿，并鼓励他坚持下去。最后他终于成功出版了这本后来大受欢迎的书。

《暮光之城》系列作者斯蒂芬妮·梅尔说，一个梦想激励她去创作第一本书，并在 3 个月内完成了它。起初，她并没有打算出版这本书，直到一个朋友告诉她这本书很有潜力，给予她鼓励。于是，她给 15 家出版代理商写了投稿信，其中 9 家拒绝了她，5家根本没有回复，只有一家接受了这本书……后来有8家出版社参与这家出版代理商主持的拍卖会，争拍这本书的版权！很快，《暮光之城》系列不仅畅销，还被拍成了一系列叫好又叫座的电影。

还有一位出版第一本书就遭遇了极大困难的作家——J. K. 罗琳。《哈利·波特与魔法石》被拒绝了12次，直到一年后才被位于伦敦的布卢姆斯伯里出版社接受。"哈利·波特"系列如今已经在世界各地售出了数千万册，J. K. 罗琳因此成了家喻户晓的人物。

我在这里只列举了一部分在克服无数困难后取得成功的作家。他们的故事，以及其他行业励志人士的故事，都可以成为我们直面一切挑战的动力。

所以，让我们以雄狮之心面对挫折并征服它吧。只要锲而不舍、勇往直前，成功终将属于我们！

参考书目

Marshall III, Joseph M. 2009. *Keep Going: The Art of Perseverance*. Sterling Ethos: United States of America.

Meyer, Joyce. 2010. *Never Give Up! Relentless Determination to Overcome Life's Challenges*. Faithwords: United States of America.

Punset, Eduardo. 2007. *The Happiness Trip*. Chelsea Green Publishing Company: United States of America.

Quilliam, Susan. 2003. *Positive Thinking*. Dorling Kindersley: United Kingdom.

Rao, Srikumar. 2007. *Are You Ready To Succeed?* Ebury Publishing: United States of America.

Trestman, Marc. 2010. *Perseverance: Life Lessons on Leadership and Teamwork*. Bernstein Books: United States of America.

Vujicic, Nick. 2012. *Life Without Limits: Inspiration for a Ridiculously Good Life*. WaterBrook Press: United States of America.

Vujicic, Nick. 2013. *Limitless: Devotions of a Ridiculously Good Life*. WaterBrook Press: United States of America.

Vujicic, Nick. 2012. *Unstoppable: The Incredible Power of Faith in Action*. WaterBrook Press: United States of America.

索 引

（据英文所在页码排序，出现过的单词或短语不再重复列出）

页码	英文	文中释义
004	DISTRACTION	分散注意力的事
	JOB DONE	完成任务
010	ROAD BLOCK	路障
011	PATIENCE	耐心
027	I CAN DO IT...?	我能做到……？
029	WELCOME	欢迎
030	EXPECTATIONS	预期，期望
031	GOALS	目标
038	HUH?	啊？
042	PROGRESS	前进
043	CHALLENGE	挑战
047	FAILURE	失败
050	COMFORT	舒适；安逸
057	iPhone	苹果手机
060	EFFORT	努力
062	SUCCESS	成功
063	LUCKY	幸运的
067	BILL	账单
073	EXTRA EFFORT	格外努力
077	VISION	远见
	PLAN	计划
079	DREAMS	梦想
	LIMITS	限制

页 码	英 文	文中释义
080	VISION BOARD	梦想板
	ENG	英语
	MATH	数学
088	PROBLEM	问题
	SOLUTION	解决方案
091	PROBLEM SOLVING	解决问题
093	TARGETS	目标
095	EVALUATION	评估，评价
098	WALL	墙
109	LEGO	乐高（积木）
110	I'll DIE!	我愿意牺牲自己！
111	I'll LIVE!	我要活下去！
113	ENLIGHTENMENT	启迪，启发

致　谢

我要感谢以下各位，是你们给我的生活带来重要影响，帮助我克服在创作本书的过程中遇到的困难。排名不分先后：

我至爱的妻子 Pauline（宝琳）。

我甜蜜可人的女儿 RaeAnne（瑞安）和 Raelynn（瑞莲）。

我亲爱的父母。

我所有的老师和导师，尤其是 Ho Chee Lick（何志立）教授、Paulin Straughan（波林·斯特劳恩）教授、Kay Moulmein（凯·臭梅恩）教授和 Linda Thompson（琳达·汤普森）教授。

我在新加坡义安小学、德明政府中学、维多利亚初级学院、新加坡国立大学与南洋理工大学上学时期的朋友们和伙伴们。

维多利亚初级学院的朋友们及同事们。

维多利亚初级学院前任及现任校长 Lee Phui Mun（李佩文）夫人，Chan Khah Gek（陈嘉庚）夫人，Chan Poh Meng（陈德孟）先生，Ek soo Ben（艾克·秀·本）女士，以及副院长

Lam Yui-P'ng（林育朋）先生，Gurusharan Singh（格鲁沙兰·辛格）先生以及Chua Nga Woon（蔡美儿）夫人。

还有一群特殊的人：Adam Khoo（邱缘安），Stuart Tan（斯图亚特·谭），Conrad Alvin Lim（康拉德·艾文·林），Gary Lee（李智辉），Merry（梅丽）和Alva（艾娃），Rita Emmett（丽塔·艾米特），Khoo Siew Chiow（邱瑞昭），Elim Chew（周士锦），Cayden Chang（凯顿·张），Sean Seah（谢伟安），Mark Chew（马克·丘），Grace Tan（格雷斯·谭）与Johnson Lee（李思捷），他们仍然在不断影响和激励着我！

还要感谢我过去和现在的学生们，希望你们为了获得更大的成功继续奋斗。把握现在，未来可期！

最后的但并非不重要的，还有那些以不同的方式影响了我的生活的人。

你们存在于我心灵的某个地方，我将永志不忘。